RÉPONSE

DE M. LE BARON D'ECKSTEIN

AUX ATTAQUES DIRIGÉES CONTRE LUI

PAR

M. BENJAMIN CONSTANT,

DANS SON OUVRAGE INTITULÉ : *DE LA RELIGION*.

———

Extrait du CATHOLIQUE, N° d'octobre 1827.

PARIS,

A. SAUTELET ET Cᵗᵉ, LIBRAIRES,

PLACE DE LA BOURSE.

———

M DCCC XXVII.

RÉPONSE

DE M. LE BARON D'ECKSTEIN

AUX ATTAQUES DIRIGÉES CONTRE LUI

PAR

M. BENJAMIN CONSTANT.

Si M. Benjamin Constant eût appartenu au vulgaire des écrivains et des orateurs libéraux, nous ne nous serions pas donné la peine d'analyser ses systèmes. Laissons aux critiques du jour ce plaisir trivial qu'ils trouvent à disserter longuement sur de mauvais ouvrages que l'oubli attend. Mais tout ce qu'écrit M. de Constant, comme tout ce qu'il proclame à la tribune, est fertile en conséquences : nous avons cru devoir nous attacher à démontrer l'incohérence de ses doctrines en matière de religion, à prouver combien peu il nous semble comprendre la nature réelle du sujet qu'il a choisi.

L'ouvrage de M. de Constant qui a principalement fixé notre attention est composé dans un sens contraire au catholicisme, et plus spécialement encore contre l'Eglise romaine, qu'il cherche à dépeindre, par des traits indirects, mais faciles à reconnaître, comme l'ennemie du genre humain. Son langage, à cet égard, n'est pas toujours franc et décidé. Son attaque, quelquefois directe, s'enveloppe souvent d'un nuage mystérieux. Le Protestant a craint qu'on ne lui reprochât de mêler à de si hautes et de si graves questions l'esprit haineux de sa secte : c'était prouver du jugement et du goût. Sa guerre contre les différens sacerdoces de l'antiquité païenne n'est animée que par l'espoir d'atteindre l'Eglise romaine, tout en frappant ces sacerdoces des foudres de son éloquence. C'est avec cette intention qu'il nous présente le catholicisme comme héritier de la théocratie primitive ; sans doute cette théocratie s'est modifiée en devenant chrétienne : mais le principe, selon lui, reste le même.

Aux yeux du vrai croyant, l'Eglise n'a nul besoin de défense : nous sommes loin de nous imposer le fardeau d'une tâche aussi présomptueuse. Nous nous sommes contenté de prouver qu'avant d'attaquer une doctrine il faut la connaître ; que la véritable nature de la religion est inconnue à M. de Constant ; qu'il a mal étudié et peu compris les sacerdoces du paganisme ; qu'il n'en parle que dans un but hostile, vers lequel tend son esprit de parti , et non avec la froide raison de l'observateur : enfin, qu'il applique faussement leurs constitutions à celles de la hiérarchie catholique. Les preuves que nous avons apportées étaient-elles irrécusables ? Nous serions tenté de le croire ; car M. de Constant, au lieu de nous répondre, et de repousser nos assertions, s'est contenté de nous traiter personnellement avec une mauvaise humeur que l'impuissance de nous réfuter peut seule excuser chez lui.

Toujours en contradiction avec lui-même, l'auteur de *la Religion considérée dans sa source, ses formes et ses développemens* a possédé une idée dominante qu'il n'a pas su appliquer avec assez de conviction, avec assez d'énergie, parce que la forme sous laquelle il la présentait ne lui appartenait pas en propre. Il est parti de ce principe, que *le sentiment religieux est inné dans l'homme ;* et que ce sentiment se manifeste sous un point de vue moral, au moyen de la conscience, et sous un point de vue religieux, au moyen de l'ame, dont la tendance se dirige vers l'infini. Ce principe , nous l'avons adopté en le précisant, en le dégageant de l'incertitude du langage philosophique de son auteur, et en le circonscrivant dans de justes bornes.

M. de Constant, comme J.-J. Rousseau, en s'emparant du sentiment religieux , n'a été que sentimentaliste, et nullement religieux. Il s'est livré, si l'on peut le dire , à cette *religiosité* maladie du dernier siècle, le plus fécond des siècles en directions fausses. C'est là le plus original de tous les élémens de perception qui se trouvent chez l'auteur de *la Religion ;* c'est là qu'il a concentré la force de sa pensée. Nous en avons démontré l'insuffisance : et les faits mêmes dont sa théorie est étayée ont suffi à cette démonstration.

La faiblesse de sa philosophie originelle se trahit par le vague de sa doctrine du sentiment. L'application qu'il a prétendu lui donner manifeste plus clairement encore cette inconsistance. M. de Constant, dont l'éducation scientifique a commencé à Gœttingue, où régnaient de son temps les opinions de Heyne sur l'antiquité, a emprunté aux développemens de ce savant l'idée du fétichisme, comme de la première forme dont se revêt à sa naissance le sentiment religieux. Heyne, qui s'est occupé long-temps des classiques, n'a jamais étudié le fétichisme proprement dit, ou ce que l'on comprend communément sous cette dénomination. Les nations nègres ne sont jamais entrées dans le cercle des études de ce latiniste célèbre ; et ce sont précisément ces peuples auxquels on a spécialement attribué l'idée du fétichisme, parce que l'on avait observé chez eux dans l'extension la plus grande, ce qui donnait lieu à ce phénomène religieux, dont on se rendait compte d'une manière bien confuse. Mais Heyne et ses amis, croyant trouver de la ressemblance entre le culte des animaux, tel qu'une observation superficielle croit le voir établi dans l'ancienne Egypte, et le culte des nègres, partirent de cette hypothèse, que la religion grecque était d'origine égyptienne. Ainsi ils lui donnèrent pour base première un fétichisme dont ils n'avaient pas étudié la nature réelle.

Ce savant professeur et ses disciples ont voulu désigner, par le mot fétichisme, une notion éminemment grossière, celle du premier objet qui tombe sous les sens, et auquel l'homme sauvage, agité par le besoin religieux, applique ce sentiment confus de l'infini, qu'il concentre et limite aussitôt en l'enfermant dans une pierre, une branche, un animal. Mais d'abord est-ce bien là, au fonds, le fétichisme des nègres, culte si peu connu? est-ce même la forme extérieure sous laquelle on peut l'observer? Le sentiment de l'infini agite l'homme; cela n'est pas douteux. Que le païen renferme dans une idole ce sentiment immense, nous en convenons. Mais que *représente* cette idole? C'est là l'essentiel.

L'idole représente-t-elle une force divine inhérente à la nature animale, végétale, minérale, et communiquée aux inventions des hommes? Ce serait déjà un système d'observation qui aurait son côté vrai pour ceux qui connaissent l'entente profonde que possédait la haute antiquité sur la nature des choses. Voit-on simplement Dieu même dans tel arbre, telle plante, tel animal, telle étoile, c'est de la stupidité pure, c'est admettre que l'homme est né brute, et, comme vous le dites, sauvage. Le fétichisme est donc la religion, non de l'enfance, non de l'humanité, mais celle de l'idiotisme. Cette hypothèse sur l'origine du genre humain, il faut la prouver. Est-ce enfin un symbole, une figure des rapports qui existent entre un monde supérieur et un monde inférieur, comme l'expérience l'a souvent démontré? Vous abandonnez donc votre théorie du fétichisme pour embrasser un système différent. Une fois la discussion ouverte sur ce symbole, cherchez quelle est sa nature physique, morale, ou dogmatique. Ressort-il d'une révélation quelconque? et cette révélation, quelle est-elle? Forcés de rentrer dans la sphère des théogonies, ou de la manifestation de Dieu par son Logos ou sa sagesse éternelle, vous voilà forcés également de rentrer dans le cercle des cosmogonies, ou de la manifestation de Dieu par son Kosmos ou monde idéal, prototype de l'univers.

Croirait-on que M. de Constant n'a pas même tenté d'approfondir et d'examiner la base sur laquelle s'élève l'échafaudage de ses démonstrations? Il s'est borné tout au plus à admettre le mot *fétichisme* dans le sens brutal que lui assigne le vulgaire des voyageurs. Il n'a pas essayé d'en développer, d'en expliquer le caractère. Nous avons donc raison de dire que cet écrivain, aussi élégant que spirituel, manque, et de cette haute capacité philosophique nécessaire pour l'investigation des questions qu'il soulève, mais encore de cette naïve originalité qui fait pardonner bien des fautes en faveur des vues qu'elle renferme.

Le fétichisme, dans le sens simple et primitif, d'après les Portugais et les anciens voyageurs qui l'ont appliqué les premiers, a signifié le bannissement, la conjuration d'un esprit, d'un dieu, d'un ange, d'un démon, opéré par les nègres ou leurs prêtres, qui renferment ensuite dans tel ou tel arbre, dans un homme, dans un animal, dans un métal, pour leur usage particulier, cet être surnaturel, devenu un talisman, et qu'ils ne laissent plus sortir de sa prison. Si le fétiche désobéit, on le maltraite : s'il écoute ce qu'on lui demande , on le récompense. Ce n'est donc pas une véritable idole; c'est un objet quelconque, naturel ou artificiel , qui , par la vertu magique, sert de prison à un esprit : c'est son cachot, sa limite , son entrave. On ne regarde pas cette prison comme un esprit. C'est un culte magique, qui confère à l'homme une puissance sur l'invisible , contraint de descendre dans un corps visible, à la voix de celui qui l'ordonne.

Ainsi se présente , sous sa forme extérieure, ce phénomène du fétichisme, dont nous comptons écrire un jour l'histoire, en classant les faits d'après une méthode raisonnée. C'est un culte grossier, si l'on veut, mais qui n'a rien de simple, et dont le principe tient essentiellement au spiritualisme, puisque l'idée de la Magie est née de celle de la monarchie originelle de l'homme, roi de la nature, gouvernant les esprits de l'univers , et capable de les concentrer, de réunir leurs forces éparses et universelles dans un objet unique. L'histoire de la Magie est très-curieuse. C'est une science fausse, dont la racine vraie est dans l'histoire! Elle relève du pouvoir de l'homme avant sa déchéance , et possédant encore l'intime connaissance de la nature. Cette science s'est compliquée d'un système sur le génie essentiel des trois règnes. Cette haute physique religieuse , alliée à la magie, suppose, selon M. de Constant lui-même , l'existence d'un sacerdoce à doctrines raffinées ; encore est-elle incomplète, si l'on n'y rattache pas une science suprême de la révélation , par laquelle le génie de l'univers est manifesté dans un système de cosmogonies et de théogonies créatrices.

Chez le nègre et chez son prêtre, ces idées sont confuses, mal dirigées, et prennent la forme d'une superstition grossière. Que notre antagoniste prouve que tel est l'état primitif de ces connaissances, élaborées ensuite dans les écoles du sacerdoce. Sa tâche sera difficile à soutenir ; les documens antiques sont là qui militent contre lui. Appuyés de l'autorité de ces documens, nous prouverons, au contraire, que chez le sauvage rien n'est primitif, que tout y existe, et que les débris d'une civilisation antérieure s'y retrouvent avec un souvenir confus et traditionnel de cette civilisation. De là des analogies étonnantes entre ces notions brutales et les opinions les plus subtiles des sectes les plus raffinées dans leurs systèmes de théologie et de cosmogonie universelles.

M. de Constant n'a pas voulu rester en arrière avec la révélation, dont le système est contraire avec celui du sentiment religieux, non tel qu'il est en lui-même, mais tel que cet écrivain se plaît à le montrer. Cependant, la doctrine de la révélation étant soutenue en Allemagne par des suffrages imposans, il s'est vu forcé, sinon de l'adopter, du moins de l'indiquer faiblement. Lessing et Herder, chacun d'après son système, ont prétendu assigner à cette révélation ses phases successives, de manière à la faire coïncider avec le système de la perfectibilité indéfinie, idole de la raison des philosophes du siècle dernier. Suivant ces penseurs, dont le panthéisme n'est plus un mystère, la Divinité aurait proportionné son mode de révélation aux facultés de l'homme ; à l'homme enfant elle se serait révélée par le monde des images, ou le paganisme ; à l'homme adolescent, par un monde de l'incarnation, type du christianisme ; à l'homme mûr, par un monde de la raison absolue, annoncé par les lumières du siècle, qui prétendent en être l'aurore. Mais Lessing et Herder, grands écrivains d'ailleurs, ont oublié de spécifier le genre particulier de communication de chacune de ces trois révélations.

Quoi qu'il en soit, on ne peut nier que M. de Constant ne se soit emparé de l'idée de ces auteurs sans les comprendre réellement. En même temps, comme il appartient à une communion protestante, il n'a pas voulu paraître essentiellement étranger au génie du christianisme. Pour concilier ces contradictions, il a été forcé de supposer qu'un état de haute civilisation a pu exister avant l'état sauvage, et qu'un sacerdoce inspiré gouvernait cette civilisation, quelle qu'elle pût être. Ainsi, ce qu'il a élevé d'une main, il le détruit témérairement d'une autre : et son ouvrage, destiné à remonter aux sources, porte à faux, puisqu'il tourne dans un cercle vicieux de suppositions contraires.

Depuis Lessing et Herder, une nouvelle philosophie, nommée philosophie de la nature, s'est développée dans leur patrie. Elle établissait, au sein de la création, un système d'attraction universelle, entre Dieu, l'homme et l'univers ; sympathie générale qui embrassait tout. Elle cherchait à s'emparer des mystères du magnétisme, et s'agitait dans cette région à jamais voilée, où fermentent les principes même de la vie, où se manifeste une double puissance du bien et du mal, dans l'action organique de l'ame sur la matière , quand l'ame , se plongeant dans la matière , la revêt d'une forme, et se prépare à elle-même une demeure passa-gère. M. de Constant, sans approfondir cette doctrine, eut quelque velléité de s'y adonner, comme à une nou-veauté piquante pour la France. Il remarqua les expli-cations qu'elle pouvait offrir à l'ancienne physique sacerdotale. Mais, n'osant aborder fortement aucune idée, il s'est contenté d'indiquer en passant chacune des données, comme établissant une possibilité de mo-dification à son système, c'est-à-dire comme le mena-çant d'une ruine totale.

Mais ses deux guides dans cette route d'un demi-catho-licisme mêlé de panthéisme, Creuzer et Gœrres , alar-mèrent bientôt sa conscience libérale, rationnelle, pro-testante , quand il vit un célèbre combattant, Voss , s'a-vancer contre eux dans l'arène, décidé à une lutte à outrance. L'embarras était cruel : que faire ? Heureuse-ment un antagoniste se prépare ; c'est le critique français qui a soumis à un sévère examen le premier volume de M. de Constant. Tout le courroux de ce dernier se concentre et se porte sur cet ennemi ; c'est lui qui expiera les inconséquences commises par l'auteur *de la Religion*. C'en est fait, M. de Constant revient à son fé-tichisme. Révélation , philosophie de la nature , magné-tisme , demi-catholicisme , syrènes enchanteresses dont la séduction entraîna loin de sa route primitive l'ennemi des superstitions, il vous abandonne : il vous laisse à son critique , il vous abjure à jamais. Voss avait accusé Creuzer , aussi contraire cependant que lui-même à l'Eglise romaine, d'exalter le sacerdoce païen, pour favoriser Rome. M. de Constant s'empare des paroles de Voss, me les applique ; voilà une batterie dressée contre ma frêle autorité. Ainsi notre auteur exhale sa colère et témoigne le violent repentir que lui cause la conscience de s'être laissé prendre à l'appât de la science moderne : ensuite, revenant à sa haine de la théocratie, il sacrifie à cette idole, véritable fétiche de son esprit.

Parlons d'une nouvelle inconséquence, que malheureusement il n'aperçoit pas. En redisant les idées de Wolf et de Voss sur Homère et sur le développement du polythéisme des Grecs, non-seulement il commet de graves méprises, mais il se brouille avec Heyne, renonce à son premier maître, et, congédiant de nouveau son fétichisme, si souvent ballotté, abdiqué, repris et rejeté tour à tour, embrasse un anthropomorphisme contraire à tout ce qu'il a avancé jusque-là. Si l'on ajoute que Wolf et Voss ne sont pas toujours d'accord, et qu'Ottfrid Muller, le dernier de ceux qui ont dérouté les combinaisons scientifiques de M. de Constant, contredit absolument les théories de Voss, il sera facile d'avoir une idée de la confusion résultant de cet amas de directions contraires, accumulées dans un livre dont le fétichisme est la base, et dont toutes les pages sont infidèles à un principe auquel l'écrivain s'efforce de revenir sans cesse. Mais ce qui prouve l'ingénuité singulière des opinions de M. de Constant, c'est qu'il ne se doute jamais de ses contradictions fréquentes et des tours que lui jouent ses nouvelles lectures et ses admirations nouvelles.

Tel est, en définitive, le caractère d'un ouvrage que notre devoir a été d'analyser. Mon intention n'avait rien d'hostile, je voulais éclairer. Comment, dans un sujet aussi grave, aurais-je admis les timides ménagemens d'une critique vulgaire? Il fallait se conformer aux règles des convenances sociales, mais dire la vérité tout entière, avec fermeté, avec franchise. Sans doute l'ouvrage de M. de Constant est composé de bonne foi. Mais sa faiblesse, sa prolixité, son manque de caractère, souvent ses déclamations hostiles, ne sont point compensées par de belles pages, fréquentes sans doute, mais qui ne suffisent pas à la gloire, à la vie d'un ouvrage de ce genre. Le nom de l'auteur, ses grands talents surtout, nous imposaient l'obligation d'élever la voix ; il s'agissait de fermer à la confusion et au chaos le champ de la religion, prêt à être envahi par ce désordre qui s'est joué si long-temps sur le champ de la politique. Cet examen détaillé auquel nous avons cru devoir soumettre un écrivain si remarquable, a excité son courroux ; il a eu tort. M. de Lamennais et plusieurs hommes qui dépassent M. de Constant par l'originalité de la conception et la force de l'esprit, n'ont-ils pas été cruellement maltraités par sa critique? Nous avons rencontré dans les pages de M. de Constant l'homme public, l'homme de parti, que nos opinions n'ont point ménagé ; mais notre sévérité n'a jamais été exempte de courtoisie.

Dans son second volume, M. de Constant, indigné de ma critique, m'a personnellement attaqué, en répétant mes paroles, sans citer mon nom. *Conspirateur, en-*

nemi du genre humain, telles sont les bénignes épithètes dont il m'affuble. On avait relevé la manière fautive dont il écrit les termes empruntés aux langues de l'Orient ; on avait fait remarquer le désordre qu'une telle orthographe devait entraîner. Blessé au vif par une observation si naturelle, M. de Constant crie au pédantisme, comme si cette remarque n'était pas purement incidentelle, comme si nos critiques d'orthographe étaient notre accusation fondamentale contre lui.

Nous avons seulement soutenu que, faute d'études philosophiques, M. de Constant se hâte de confondre les systèmes les plus hétérogènes, sans en comprendre la valeur. M. de Constant, altérant le sens de notre critique, prétend que nous l'accusons à la fois de panthéisme et de déisme. Enfin, il ne nous oppose rien, il ne réfute aucun des points capitaux que nous avons avancés, il néglige de nous suivre dans la critique suivie, raisonnée, générale, que nous lui avons soumise. C'était alors la première époque de sa colère. Nous n'étions pas encore pour lui un ignorant complet. Quand son courroux a grandi, notre nullité s'est prononcée : qui peut échapper à son destin ?

Le second volume *de la Religion*, que la faveur de l'écrivain lui-même nous a permis de posséder *ex dono auctoris*, a été examiné d'après les mêmes principes qui nous avaient servi de règle dans la critique du premier volume. Attaqué, mais non nominativement, nous pouvions passer sous silence les hostilités de M. de Constant. C'est ce que nous avons fait ; l'amour de la vérité nous guidait. Il nous entraîna dans une polémique assez vive sur le fond même de la question. Les irritations de l'amour-propre n'avaient aucune part à nos déterminations et à nos critiques.

Enfin paraît le troisième volume. Au lieu de nous réfuter, au lieu de répondre à nos observations, on se contente de rétorquer contre le critique les mêmes argumens dont le critique s'était servi : deux passages de texte et plusieurs notes sont consacrés à ces hostilités peu dangereuses. Nous avions appuyé nos assertions de preuves ; on nous renvoie des accusations amères, dénuées de preuves. Ces récriminations sont écrites dans un style que l'honnêteté littéraire devrait proscrire envers qui que ce soit, et que nous ne nous sommes jamais permis. On y voit percer une morgue d'oligarchie littéraire qui devient assez plaisante chez un auteur dont le talent, depuis long-temps reconnu, s'est abaissé jusqu'à chercher dans les plus humbles régions du Parnasse des sujets de panégyrique. Après avoir reproduit les paroles hostiles de M. de Constant, analysons-les et débarrassons-nous bien vite de cette triste polémique personnelle. Nous pourrons aborder ensuite, avec une complète liberté d'esprit, les doctrines elles-mêmes et les assertions dont ce troisième volume se compose.

A la page 138 de ce nouveau volume, M. de Constant s'excuse de ce qu'il ne développe pas d'une manière organique la marche métaphysique des notions et des idées en matière religieuse : c'est la véritable, la seule méthode à suivre dans ces sortes de recherches, qu'il s'excuse de ne pouvoir employer. Les idées de la haute antiquité, ses dogmes et ses mystères, ne se présentent nettement à l'imagination que lorsqu'on s'attache à suivre systématiquement leur cours de manière à les déduire les uns des autres, au moyen d'une combinaison savante de la philosophie et de l'histoire.

Déjà, en traitant deux sujets d'une difficulté profonde, nous avons tenté cette voie. Nous avons cherché quelles étaient, d'après la théologie et la métaphysique des prêtres de l'Inde, la doctrine des *Elémens* et la théorie du *Soleil.* Bientôt nous espérons pouvoir joindre à ces essais, et en poursuivant la même route de discussion, l'analyse du système *lunaire, planétaire,* et celle des doctrines brahmaniques sur l'*homme* et la *Divinité,* travaux qui pourront du moins servir de base à des recherches futures sur les antiques opinions des peuples des bords du Gange. Pour peu que l'on connaisse ces matières non explorées, on appréciera la difficulté d'une entreprise digne de toute indulgence et qui ne se donne nullement pour accomplie. J'ai voulu indiquer, pour ainsi dire, les jalons principaux sur cette route scientifique, en marquer les échelons; et sans doute je ne m'étais pas toujours trompé, puisque j'ai eu le bonheur de coïncider dans mes observations avec quelques-uns des résultats obtenus par l'illustre M. Guillaume de Humboldt, qui, de son côté, s'était livré à une analyse du même genre.

Disons-le avec une franchise dénuée d'orgueil : s'il est facile d'accumuler des citations, de les copier souvent d'après d'autres livres ; si le mérite de la compi-

lation est très-mince, il faut plus de travail de la pensée, plus d'efforts et de soins pour classer selon l'ordre
le plus naturel les faits et les idées, les systématiser, les
soumettre à un plan, les éclairer au moyen d'une critique qui développe organiquement le cours des doctrines et des choses, enfin pour ne rien confondre par
légèreté ni par inadvertance. Cette fatigue effraya la
paresse de M. de Constant. Doué d'une rare aptitude
pour les travaux de l'esprit, il recula devant une si
pénible perspective, et se contenta de jeter au lecteur
l'excuse suivante de son superbe dédain :

« Nous pourrions sans doute, comme *tant d'autres*,
» et *sans grande peine*, nous donner une *apparence* d'éru-
» dition toujours agréable, en laissant à ces *systèmes* du
» paganisme de l'Inde et à leurs *subtilités infinies* des noms
» *étrangers*. Deux ou trois *extraits* de Colebrooke ou
» Schlegel nous fourniraient des *matériaux* plus que *suf-*
» *fisans* ; et en *traduisant* ces auteurs *sans les nommer*, nous
» nous attribuerions *l'honneur de leur science*. Mais nous
» *fatiguerions* nos lecteurs inutilement : nous n'avons
» point à nous occuper ici de ces *hypothèses* en elles-
» mêmes, mais de la manière dont les prêtres, brahmes
» ou bouddhistes, les introduisent dans leur doctrine sa-
» vante. »

Comme *tant d'autres*, M. de Constant, vous pourriez
vous donner une apparence d'érudition ? Il serait plaisant que ces autres, dont la foule est si grande, et
que vous ne nommez que sous le voile, se concentras-
sent dans ma seule personne. M. de Constant, dans sa
haine des corporations et des sacerdoces, ne peut

souffrir que ce qui est individuel, et déteste cordiale-
ment tout ce qui est collectif. Pourquoi donc ne pas
dégager sa phrase de ce mystérieux nuage? pourquoi
ne pas remplacer par une désignation franche et naïve
de l'individu qui existe, cette chimérique armée d'érudits dont il évoque l'ombre illusoire pour ne point se
mesurer avec elle?

Quant à la facilité de paraître érudit, j'oserai la contester. Certes on peut, sans grande peine, multiplier
les citations, sans cesse empruntées à de savans prédécesseurs : vous l'avez prouvé. Sans doute on peut, sans
grande peine, adopter, avant même de les avoir compris, quelques-uns des résultats des travaux de Wolf
et de Voss sur Homère, et les donner pour les siens ;
vous l'avez encore prouvé. La fréquence même de vos
erreurs a prouvé la légèreté de l'emprunt, et l'énorme
distance qui sépare votre esprit, distingué d'ailleurs,
sagace et souple, mais essentiellement moderne, du
génie des temps antiques. Il nous sera facile de signaler
plus tard les erreurs que vous avez commises dans des
recherches dont vous assumez la gloire.

Ce n'est point *sans peine* que les anciennes théories
des religions s'éclaircissent : et si le travail pénible que
nous ont coûté nos essais sur la mythologie fondamentale de l'Inde n'a pas complètement atteint le but, il
nous a prouvé du moins l'extrême difficulté d'une telle
entreprise. Dans les quatre cents pages fleuries, pu-
bliées par M. de Constant, une haute critique s'an-
nonce sans cesse et ne se montre jamais ; partout l'hypothèse au lieu des preuves ; partout un fétichisme sup-

posé, que rien ne soutient et ne prouve. L'apparence de l'érudition vous appartient, M. de Constant, et elle vous appartient sans peine. De rapides lectures vous ont suffi. Vous avez compté sur le frivole étonnement du vulgaire des lecteurs, effrayés d'entendre prononcer tant de noms hétérogènes, tant de citations exotiques, et confondus de tant de savoir.

Laisser des noms étrangers à ces systèmes et à leurs subtilités infinies, suffirait, dit M. de Constant, pour lui donner un vernis de science. Ce vernis serait bien léger; mais du moins pourrait-on exiger de celui qui l'emploierait une exactitude dont M. de Constant est loin de se piquer. Quand il s'agit de recherches sur les peuples de la haute antiquité, l'exactitude n'est rien moins qu'indifférente; elle prouve que l'on en comprend le sens; elle fait éviter beaucoup de méprises. Quant à ces profondes et mystérieuses théories que vous appelez subtilités, les comprendre en philosophe serait plus sage et plus difficile que de les dédaigner et les railler en homme du monde. Après avoir tenté d'en développer le caractère, je suis parvenu à des résultats qui n'étaient pas sans importance; et (ce que M. de Constant a presque toujours oublié de faire) quand un mot étranger s'est présenté sous ma plume, j'ai eu soin de l'expliquer.

Deux ou trois extraits de Schlegel ou de Colebrooke suffiraient, dites-vous, pour vous fournir des matériaux d'érudition qui vous feraient honneur. A cette apparence de savoir, misérable vanité que vous nous imputez, vous joignez l'accusation de traduire ces auteurs sans les nommer, pour nous approprier l'honneur de leur science. — Si l'auteur, en nous adressant un reproche aussi cruel, nous nommait en face, cette allégation, calomnieuse d'ailleurs, aurait plus de noblesse et de franchise. Mais ce trait obliquement lancé manque de dignité autant que de justesse. Ceux auxquels ces matières sont familières savent que les investigations de Colebrooke portent sur d'autres sujets que ceux que j'ai traités ; que mes recherches n'ont aucune connexité avec celles du savant Anglais ; et qu'au lieu de me servir d'extraits empruntés à mes devanciers, comme l'indique l'auteur, j'ai énoncé mes propres idées, fruit de mes propres travaux. Je n'ai point fait la guerre à M. de Constant, pour avoir employé si souvent l'édition fautive du Ramayana, par Marshman et Carey, sans citer une seule fois les noms des traducteurs ; et toutes les fois que je me suis servi d'un texte original, traduit par Colebrooke, je n'ai pas manqué de nommer cet auteur.

Je me fais gloire d'être uni avec M. Frédéric de Schlegel par une communauté de doctrines. Son amitié m'a recherché dès ma jeunesse, et jamais il ne s'est plaint de ce que j'eusse pillé ses ouvrages. Nos doctrines ne sont pas de l'homme, elles viennent de l'Eglise. Gœrres, pour lequel M. de Constant est forcé d'avoir du respect, a traité autrement que l'écrivain français mes travaux et ma personne. Ce grand publiciste a parlé du rapport de mes idées avec Frédéric Schlegel, et unsentiment de réserve, que l'on concevra aisément, ne me permet pas d'opposer aux sarcasmes indirects de M. de Constant les éloges publics de Gœrres , et son opinion exprimée hautement à mon égard. Il n'y a d'ailleurs aucun point de rapport entre les travaux de Frédéric Schlegel , et mes essais sur l'adoration des élémens et celle du soleil chez les peuples de l'Inde. Nous avons traité des sujets tout différens.

Quiconque porte contre quelqu'un une accusation qui le flétrit, prend l'obligation de prouver ce qu'il avance , et s'avoue calomniateur s'il refuse de donner les preuves qui lui sont demandées , ou s'il ne peut le faire. Quelle imputation plus odieuse que de s'approprier bassement le mérite d'autrui, par traduction ou par extrait, sans reconnaître la source à laquelle on a puisé? Telle est l'imputation que M. de Constant m'adresse. Pour moi, j'ai prouvé que chez M. de Constant, il y a compilation. Mais sa bonne foi, sa probité littéraire, ne m'ont point paru douteuses. Je l'ai cru incapable d'un rôle bas ; je lui ai rendu justice. J'ai attribué les incohérences que je remarquais dans son livre au peu de rapport qui existe entre son propre génie et le sujet qu'il a prétendu traiter. J'aurais cru indignes de moi les petites insinuations, les perfides réticences, les adresses hostiles et calculées, le talent de nuire et de blesser. Jamais je n'ai compté au nombre de mes prétentions celle d'injurier un antagoniste, d'entamer sa réputation et non ses doctrines , celle de nuire en un mot.

M. de Constant craint, dit-il, de fatiguer ses lecteurs, en leur présentant les résultats de recherches réelles et épineuses. Il prétend n'attacher aucune importance , aucun intérêt aux doctrines des païens en elles-mêmes; ce sont , dit-il , de pures hypothèses. Quand un savant aura débrouillé tout ce chaos, peut-être M. de Constant, trouvant la matière assez approfondie, et le raisin assez mûr , s'en occupera-t-il à son tour. Mais , puisqu'il s'occupe d'antiquités , il ferait mieux sans doute de s'y livrer sérieusement, de rechercher des faits réels , les faits même de la chose, que de nous offrir en dédommagement ses propres hypothèses.

Selon M. Benjamin Constant, il serait plus utile de connaître la manière dont les choses sont employées , que la nature réelle des choses elles-mêmes, comme si, dans l'ignorance de la nature des choses, il était possible de juger leur application. Quand il nous dit que la doctrine des prêtres l'intéresse peu, et qu'il s'occupe seulement de ce que les prêtres en font , c'est qu'il aime mieux s'entourer des rêves de son imagination, que d'aller à la recherche des réalités.

M. de Constant a inséré la note suivante, page 182 du tome III.

« Un écrivain qui *dénature tout* , *confond tout* , et nous »pourrions dire, *ignore tout* , tant sa manière de voir »est à la fois tranchante et superficielle, veut réduire »l'idée indienne du *soleil*, à une *pure notion abstraite* »(Journal LE CATHOLIQUE, N° XV, page 527), parce »que dans quelques passages des Védas, le soleil est »Brahm ou esprit pur. Sans doute, dans la portion pu-»rement métaphysique. Mais il n'est pas moins le so-»leil matériel, adoré par le peuple dans le sens littéral, »et Dieu astronomique dans la doctrine savante. Dieu

» nous garde *des gens* qui ne veulent voir qu'une seule
» idée, là, où toutes les idées se placent à côté l'une
» de l'autre, et se contredisent sans s'exclure, parce
» qu'elles ne s'entrechoquent pas ! ».

Les injures sont de faciles argumens. *Tout dénaturer,
tout confondre, tout ignorer*, sont des mots d'un emploi
commode. J'ai autrement agi ; j'ai prouvé que vous
dénaturiez les idées fondamentales empruntées à vos
auteurs, et je me suis abstenu de l'offense : vous avez
offensé sans prouver. J'ai démêlé votre chaos, j'ai débrouillé une à une les confusions que vous avez accumulées ; j'ai remonté à leurs diverses origines. Est-ce
donc là tout confondre, M. de Constant? Ingrat, est-ce
là le prix de ma peine? Vous m'accusez d'ignorance
avec une sublime hauteur, trop oublieuse de l'ouvrage
que vous publiez aujourd'hui composé de vos lectures
de la veille.

La critique paraît tranchante à M. de Constant. Il
voulait des éloges ; il désirait l'apothéose de son érudition. Il eût fallu le présenter comme un adversaire bien
redoutable pour l'Eglise, en faire un Spinosa, un Bayle,
un Voltaire. J'aurais pu alors, en sûreté de conscience,
étaler les déclamations d'un vulgaire ultracisme, pé-
rorer sur mon attachement à l'autel et au trône, parce
qu'attaché à des opinions contraires aux siennes, je
l'eusse grandi, sans lui nuire par des attaques qu'il eût
été si facile d'attribuer à l'esprit de parti.

Mais une analyse réelle, détaillée, vraiment critique,
qui approfondît la doctrine même de M. de Constant,
ne lui convenait pas. Elle exigeait une réponse fati-

gante et embarrassante. Si j'eusse agi avec la prudence que désirait M. de Constant, un commerce de politesses, très-touchant en vérité, se serait établi entre nous. On eût mêlé d'ironie quelques éloges accordés à mon ignorance ; j'eusse répondu à ces coups d'encensoir par d'autres bouffées de panégyrique ; nulle question essentielle n'eût été ni entamée ni approfondie ; et, comme deux mandarins chinois de première classe, nous nous fussions inclinés gravement devant nos supériorités respectives.

M. de Constant exalte Gœrres, écrivain catholique, qui ne s'est pas encore prononcé sur le compte du publiciste français. Si M. de Constant savait que cet auteur si distingué honore mes travaux de quelque estime, et n'a pas craint de la professer hautement, je crains que le panégyrique commencé pour Gœrres ne se terminât par une double invective contre Gœrres et contre moi.

Il est faux que dans aucun passage de mes écrits j'aie voulu réduire l'idée indienne du soleil à une notion purement abstraite. Vos lecteurs peuvent s'amuser de cette niaiserie, que je repousse et qui ne m'appartient pas. J'ai voulu prouver qu'en adorant le soleil les peuples vénéraient une image matérielle d'un soleil spirituel, Etre-lumière au moral, dont la lumière réelle et matérielle est une émanation au physique. Oui, le soleil spirituel, le Logos, s'incorpore, dans la religion ancienne, au soleil matériel : assertion que j'ai prouvée quant aux croyances de l'Inde. J'ai apporté mes témoignages, et j'attends que M. de Constant les récuse. Ai-je nié que le soleil matériel fût adoré comme soleil? Jamais. Cette adoration a eu lieu par toute la terre, et s'adressait à la fois à l'émanation et au symbole de l'Etre-lumière. Qu'un homme sorti des derniers rangs du peuple se méprenne sur cet objet de son adoration : qui le nie? rien de plus naturel. Chez les esprits vulgaires, tout se matérialise; mais que ce soit chez eux qu'il faille chercher les notions premières de la religion, c'est ce qu'il m'est impossible d'admettre. Je ne croirai à l'infaillibilité de la populace en fait de doctrines, que lorsque M. de Constant m'aura prouvé que l'homme fut brute dans son origine.

Vous m'accordez que les Védas donnent souvent au soleil une signification purement spirituelle; c'est me donner gain de cause, et renverser d'un souffle votre diatribe. La force de la vérité vous terrasse, et vous essayez en vain de défendre une hypothèse que j'ai ruinée.

Le soleil existe comme Etre matériel; qui peut en douter? la démonstration est puérile, et de longues citations m'eussent été inutiles pour prouver que le soleil est le soleil. Le peuple, qui adore cet astre comme tel, n'ignore pas l'existence de l'Etre spirituel qui le dirige. Le marchand (*Vaisya*), l'artisan (*Soudra*), entendent réciter dans l'Inde les prières des Védas, et exécutent la lettre de la loi. Ce sont là leurs devoirs journaliers.

Vous dites que, dans la doctrine savante, le soleil est un Dieu astronomique; nous sommes loin de croire que dans la mythologie indienne l'astronomie ait occupé cette place immense qu'on lui accorde. Sourya, le Dieu soleil, a une postérité nombreuse, mais non comme Dieu astronomique. Il est censé s'incarner dans la personne du premier homme qu'on appelle fils du soleil. Les enfans du soleil composent, dans l'Inde, une dynastie royale comme les Incas au Pérou. Ni les uns, ni les autres ne sont des êtres réellement astronomiques.

En examinant avec attention cette matière, on trouve que le peu de véritable astronomie mêlée à la mythologie de l'Inde se borne au rôle de Daksha, qui, avec Maritchi et Kasyapa, forme un cycle d'êtres astronomiques, où l'on peut toutefois distinguer encore les traits humains et l'histoire patriarcale. Les Rishis furent saints, avant de se trouver incorporés aux planètes. Après Daksha, le roi Trisankou est cité comme ayant voulu créer d'autres cieux, c'est-à-dire comme ayant tenté de réformer la science astronomique de son prédécesseur Daksha.

Les Asvins ou les gémeaux, sont fils de Sourya ou le soleil. Leur apparence est astronomique. Dans leur signification réelle ce sont des Esculapes divins, éternellement jeunes, et conférant l'immortalité. Ils offrent moins une conception vraiment planétaire, qu'une idée mystique et morale. Quant aux véritables astronomes de l'Inde, tous, sans exception, furent les adversaires plus ou moins déclarés de la mythologie populaire.

La tirade de M. Benjamin Constant se termine par une exclamation à la Jean-Jacques et dans son style :

«Dieu nous garde des gens qui ne veulent voir qu'une
»seule idée ! » Nous nous joignons de grand cœur à
votre exclamation, et nous répétons avec vous : « Dieu
»nous garde des gens pour qui le fétichisme est la
»source du culte et des croyances ! Dieu nous garde
»des gens pour qui la doctrine des nègres, en fait de
»religion, est le point de départ et l'origine de toute
»croyance ! » Nous verrons quelle doctrine est plus fé-
conde en conceptions, de celle que nous venons d'indiquer, ou de celle qui part de la révélation. M. de Constant a raison ; toutes les idées se placent à côté les unes
des autres, non par morceaux informes, comme cela
arrive dans l'indigeste chaos des compilations, mais
avec symétrie, et dans un harmonieux accord.

«C'est donc bien à tort, dit ailleurs M. de Cons-
»tant (p. 231), que l'on prétend élever la religion de
»l'Inde au-dessus de toutes les anciennes religions, et
»que des dévots d'espèce nouvelle la placent de nos
»jours presque à côté du christianisme, parce qu'ils es-
»pèrent puiser dans les Védas, instrumens et œuvres du
»sacerdoce, les moyens de plier à ses vues despotiques
»l'Evangile, doctrine céleste, qui a rendu à l'homme sa
»liberté légitime et sa dignité première. »

Oui, la religion indienne est plus profonde, plus
riche, plus variée que les autres religions du paganisme. Elle en renferme tous les principes, disposés sur
une échelle plus vaste. On peut la dire et plus pure et
plus corrompue à la fois : elle exagère, avec une grandeur gigantesque, les vices et les vertus. Voss accusa
Creuzer de vouloir porter la religion indienne au ni-

veau du christianisme. M. de Constant, riche en emprunts, m'applique une accusation à laquelle je n'ai rien de commun. Il y a de l'odieux dans les inculpations de Voss, quoique l'on puisse y remarquer quelque apparence de vérité. Mais M. de Constant a-t-il acquis le droit de répéter les critiques de cet écrivain supérieur?

Ma doctrine est absolument étrangère à celle de Creuzer, dont j'aime et respecte le talent et le savoir, mais dont je ne puis partager les opinions fondamentales. Le paganisme présente une double corruption: celle de la vérité primitive, dégénérescence de la religion du ciel, devenue science et poésie ; et celle d'une religion d'enfer, qui nous révèle les mystères de l'abîme, et mêle trop fréquemment au culte de la vérité ses iniquités obscènes et sanguinaires. Cet ensemble terrible compose un symbolisme général d'un grand caractère, qui laisse le cœur froid et vide, mais qui saisit l'imagination, effrayée de sa toute-puissance.

Le christianisme est l'accomplissement des destinées humaines, prédites au genre humain à l'époque même de sa chute. Le Sauveur des hommes a vaincu l'enfer et rendu à la vérité sa primitive innocence. Voilà ce que j'ai soutenu : quel rapport ces doctrines ont-elles avec *l'indo-christianisme*, dont on a plaisamment voulu me gratifier? Si l'on me fait dire le contraire de ce que j'ai dit et pensé, c'est que l'on m'a lu légèrement. Accusez, je le veux bien, l'obscurité de mes paroles; mais alors ne prétendez pas me réfuter. On ne contredit que ce qu'on sait.

M. de Constant parle des Védas comme s'il ne les avait jamais cités, et quand il les cite il semble ne faire aucune attention à ce qu'ils contiennent. Ce sont des hymnes et des prières, auxquelles on a joint des commentaires nombreux, d'une métaphysique parfois sublime, parfois déraisonnable et abstruse. Dans ces chants et dans leurs commentaires, rien ne pourrait servir à l'usage du despotisme. Notre adversaire les confond évidemment avec le code de Manou, législation qui a organisé le régime des castes, si odieux à notre auteur, et si peu connu de lui, quelle que soit l'horreur qu'il lui inspire. Je lui demande ce qu'il peut y avoir de commun, pour tout homme instruit, entre cette organisation du monde primitif et la situation moderne des états chrétiens? Quelques gens ne se font point scrupule de jeter sur le papier la première accusation venue, fût-elle ridicule, prouvât-elle leur extrême ignorance. Ce n'est pas à M. de Constant à porter envie à cette déplorable facilité de calomnie.

Si cet écrivain voulait trouver quelque analogie entre les sacerdoces païens et celui de l'Eglise chrétienne, qui lui est si odieux, ce n'était pas une raison pour me présenter faussement comme recherchant ces analogies chez les Brahmanes, tribu séparée du reste du genre humain, occupée uniquement de ses relations de famille, et dont la constitution est toute patriarcale. Jamais les Brahmanes n'ont exigé que d'être distingués des autres castes et respectés des peuples. Nulle part ils n'ont prétendu au gouvernement de l'Etat. Jamais même ils n'ont constitué une Eglise. Il n'en est pas de même des Bouddhistes. Ceux-ci, en brisant les liens des castes, ont renoncé à l'état de famille, sans dépasser les bornes que les anciens patriarches avaient placées autour de leurs demeures, ont cessé de s'isoler de l'Etat, organisé une hiérarchie, constitué une véritable Eglise fondée sur un système d'égalité et de fraternité universelles. Les Bouddhistes ont aspiré non-seulement à la domination de l'Eglise, mais encore, comme au Thibet et dans l'empire de Maghada, à celle de l'Etat. Déjà, dans cette publication, j'ai expliqué les causes de cette réforme. Mais ces explications sont comme non avenues pour la légèreté de M. de Constant. Il ne fait attention à rien, et se borne à lancer une vague et fausse imputation de théocratie contre tout écrivain qui, sans confondre les sacerdoces anciens et modernes dans un commun anathème, parle d'eux avec impartialité et franchise.

Quant au reproche et à l'allégation qui nous présentent comme ennemis de la liberté, nous aurons occasion d'y revenir et de l'apprécier à sa juste valeur. Mais occupons-nous de la note qu'il a jointe à la page citée précédemment. Chaque phrase en est pleine de sens, de malice et d'intentions.

« Nous voulons parler d'une *école récente*, qui »cherche dans les théocraties de l'Orient le modèle de »la théocratie qu'elle espère transplanter en Europe, »et dont les *intentions* sont aussi *perverses* que ses *asser-* »*tions* sont trompeuses, et son ton *dogmatique*. »

Quelle est l'école dont M. de Constant parle ? Attaque-t-il Gœrres et Schlegel ? non, il les caresse, et s'attaque à moi.

Je voudrais donc transplanter en Europe une théocratie générale , dont le paganisme oriental m'eût fourni le modèle? Ce serait un mensonge bien niais. Il n'y a qu'une théocratie réelle: c'est le christianisme. Le sacerdoce constitue l'Eglise. Catholique, nous n'empruntons à personne, et laissons de côté tous les systèmes , voire même ceux de M. de Constant. Nos opinions sont franches , nos doctrines sans voile. M. de Constant, au contraire, attaque Rome , mais par une voie oblique, la visière baissée ; il n'ose lui faire ouvertement la guerre. Ce qu'il veut, c'est l'oppression définitive de la hiérarchie et de ses partisans. Mais comment réclamer cela? Comment blesser si cruellement la liberté des consciences? Comment unir à cette tyrannie les cris impétueux que l'on a poussés si longtemps en faveur de la liberté des cultes?

Une cause que je connais , et que je sais très-bien séparer des abus qui s'y sont quelquefois mêlés , m'inspire la confiance de parler tout haut. J'ose tout dire , dans le profond sentiment de mon amour pour la vérité. Ce que je hais plus encore que les coteries politiques, ce sont les intrigues religieuses, qui nuisent à la religion, plus importante que l'Etat. En vain le libéralisme tout entier m'honorerait de sa haine, il ne me ferait point dévier des convictions de mon esprit , des obligations de mon cœur. Ma croyance intimement catholique, mon attachement filial au souverain Pontife, feront toujours ma gloire. J'écouterai les épithètes de la violence libérale ; ils me nommeraient pervers, trompeur ; ils m'accuseraient de fourberie, de *dogma-*

tisme même ; mot qui doit impliquer un grand péché, puisqu'il fait partie du dictionnaire des injures de M. de Constant : tant de haine si bien méritée, tant de sarcasmes si poignans, pourront ne pas me laisser insensible ; je serai navré de leur avoir déplu, et je resterai ferme dans ma foi.

M. de Constant poursuit : « Cette école s'introduit »en France à la faveur de la *métaphysique allemande* »qu'elle comprend mal, et de l'*érudition allemande* »qu'elle ne possède pas. »

La vérité est une, et je ne sais ce que signifie une métaphysique allemande. La vérité, dont la forme peut varier chez différens peuples, est la même dans tous les temps, dans tous les lieux, dans tous les pays. Il s'agit, non de la forme, mais du fond. Sans m'appesantir sur les injures vulgaires de cette phrase, je ferai observer à M. de Constant qu'en prouvant les emprunts de sa philosophie, et son incohérence, je ne me suis pas contenté de le nommer ignorant. Avide de s'approprier les résultats des travaux étrangers, M. de Constant, par malheur, n'en connaissait pas les prémisses ; je les lui ai montrés, je l'ai suivi, dans tous ses changemens de forme, véritable Protée, s'attachant tour à tour à tous les érudits, se métamorphosant en Heyne, en Lessing, en Herder, en Wolf, en Voss, en Creuzer, sans jamais réussir à prendre leur allure et à saisir leur caractère. Outré de voir que nous avons découvert sa faiblesse sous ces diverses transformations, il rétorque, et nous oppose Colebrooke et Fr. Schlegel, que nous avons cités, non copiés. La haute prétention de M. de Constant à être un savant de profession, nous la lui rejetons ; mais quant à l'érudition allemande, sans apporter les témoignages des érudits même de ce pays en ma faveur, il m'est permis de trouver son accusation plaisante. Mais venons à quelques lignes plus directement personnelles.

« L'un des organes de cette école est un homme » d'esprit, qui a des connaissances communes à tous » les étudians qui ont fréquenté les universités germa- » niques, et qui sait employer ce *léger bagage* avec un » *art* tout particulier. »

Admirons à notre tour l'artifice de M. de Constant. Sans me citer directement, il me change en un être collectif, puis il me désigne sans me nommer. Il échappe à la gêne d'une guerre déclarée, me laisse en core une porte ouverte au repentir ; c'est une intention bienveillante. Duement averti de me tenir sur mes gardes, on n'aura pas humilié mon amour-propre ; je puis encore rentrer en grace, et faire bonne contenance devant le monde. C'est moi ; ce n'est pas moi. Je ne suis traversé qu'à demi, je puis encore employer à me relever la partie saine de mon corps, et après avoir imploré le pardon de mon adversaire, recommencer ma carrière littéraire.

Mon école, je le répète, c'est l'Eglise, où de nobles esprits, sans conspiration, sans coterie, se donnent un libre rendez-vous. Les complots sont inutiles à qui comprend le catholicisme. Le but est visible ; chacun peut user pour l'atteindre, des forces que lui a données la nature.

Caressant d'une main, blessant de l'autre, M. de Constant me complimente comme homme d'esprit. Je le remercie ; et je puis aussi lui offrir les remerciemens des étudians d'Iéna et de Wittemberg, qui seront très-flattés d'apprendre qu'ils se sont tous occupés, à leur insu, des plus hautes matières de la science. Je passe rapidement sur l'attention délicate et fine de M. de Constant, qui affecte de me prendre pour un jeune homme échappé des bancs : je dois à la vérité de détromper M. de Constant sur le nombre de mes années, et je regrette que la jeunesse qu'il me prête soit passée depuis assez long-temps pour moi.

Mais pourquoi toujours des plagiats, M. de Constant? Pourquoi emprunter même au *Constitutionnel ?* Un passage de ce journal vous a souri, s'est imprimé dans votre souvenir, et est venu prendre place dans votre livre. Le père des *Résumés historiques*, M. Félix Bodin, jeune homme d'ailleurs digne d'estime, pour se venger des attaques dont j'avais poursuivi les susdits résumés, prit leur défense dans la feuille libérale, et me montra comme traversant le Rhin, avec un léger bagage de savoir, comme un jeune conscrit qui va rejoindre son corps. Cette idée a fait fortune. Un académicien célèbre, M. Schlosser, professeur d'histoire à l'université de Heidelberg, commenta ce passage du *Constitutionnel.* L'ami de Voss me crut ligué avec une armée d'Obscurantins, et sans me connaître d'ailleurs me fit vaillamment la guerre. Mais quand le *Catholique* parut, de plus nobles sentimens, plus dignes de son talent et de son savoir, le portèrent à revenir vers moi, et à me rendre son estime. Je reçus de cet homme généreux et juste les témoignages d'une noble affection, et il offrit de rétracter lui-même les passages qui avaient pu me porter quelque atteinte.

Au reste, je sais gré à M. de Constant de ce qu'il m'accorde de l'art, de l'adresse, après m'avoir fait une provision d'esprit assez raisonnable. M. de Constant se connaît en habileté. Il sait que la gaucherie d'un charlatan gâte son métier. Me voilà nommé habile par M. de Constant ; j'ai son brevet, et j'en fais gloire. Pourquoi ce malheureux fétichisme, trop gauchement défendu par lui, ne me permet-il pas d'avouer qu'il ait été fidèle, dans cette circonstance, à la longue et habile souplesse de ses habitudes ?

« Evitant, dit encore M. de Constant, évitant pres-
» que toujours de *citer* quand il *affirme*, et s'appuyant
» *adroitement* de citations souvent fausses, sur quelques
» points *secondaires*, il émet des opinions si *tranchantes*,
» qu'on se fait scrupule de rien contester à un écrivain
» si convaincu. »

Quiconque, au lieu de compiler, s'efforce de penser, cite quand il le faut. C'est ce que je me suis efforcé de faire dans mes essais sur les élémens constitutifs du paganisme indien. On ne cite pas lorsque les faits se trouvent enchaînés au fond de la pensée même, et qu'ils appartiennent au fond de leur déduction ; il est à supposer que, dans ce cas, les faits sont accessibles à tout homme au courant de la science moderne. Nous n'avons pas la prétention de vouloir donner toujours des dissertations savantes ; mais nous désirons résumer les résultats de nos investigations sur les faits et les doctrines.

M. de Constant m'accuse de citations fausses. Fait matériel qu'il devrait prouver, et qu'il énonce avec une étonnante légèreté. Suivant toujours une route contraire à la sienne, j'ai démontré avec quelle candeur, je dirai même avec quelle innocence il s'est engagé dans la route de ses erreurs. Il a établi naïvement ses faux systèmes, sans former le plus léger doute sur leur infaillibilité. Il veut bien m'accorder que j'ai pu avoir raison sur quelques points secondaires. Ici encore il se trompe, puisque ces points ne sont autres que les questions capitales elles-mêmes, qu'il soulève avec tant de complaisance sans jamais les résoudre.

Mes opinions sont tranchantes ? Au moins ce ne sont pas des hypothèses données pour des faits, comme celles que M. de Constant avance avec une confiance si imperturbable. Laissons à chacun sa conviction, et ne confondons pas la modestie réelle avec une modestie factice. Ce que j'appelle modestie, dans le sens réel du mot, c'est d'apprendre avant de discuter, de se taire quand on ignore, de ne pas s'avancer, un gros livre à la main, et de ne pas intituler ce livre de *la Religion*, quand on ne doit entretenir ses lecteurs que du fétichisme. J'appelle fausse modestie cette vanité qui se cache sous des dehors d'une obséquieuse politesse, cet emploi continuel d'un doute qu'on n'a pas, l'une crainte affectée, d'une timidité pudibonde. Il est des allures faciles à prendre, faciles à deviner, qui ne cachent rien aux yeux d'un homme sagace, et qu'une observation un peu pénétrante a bientôt appréciées à leur juste valeur.

En fait d'assertions tranchantes, ce troisième volume est fort riche. En vérité, mon exemple l'a corrompu, et je puis me vanter de l'avoir pour disciple : ce dont je tirerais vanité en toute autre matière qu'en fait de religion. L'examen de chacun de ses chapitres montrera toute la hardiesse des assertions qu'il accumule. Quand il a vu qu'un impitoyable critique s'avisait de saisir, non sans rudesse, l'enfant chéri de ses veilles, le favori de sa muse, il s'est hâté de le lui arracher dans sa paternelle sollicitude, de le serrer fortement contre son sein, et d'élever vers les cieux cet héritier de sa gloire, ce radieux fétiche.

M. de Constant, au lieu de proscrire si lestement les opinions, devrait bien les contester. Je n'attends que la lumière : qu'il parle, qu'il me révèle mes erreurs ; me voici prêt à les confesser quand il me les aura montrées. Mais, revenant au badinage et quittant les questions graves, M. de Constant continue :

« Ce n'est qu'à la seconde lecture qu'on s'aperçoit » de sa ressemblance avec un grand seigneur disputant » sur un sujet qu'il connaissait peu, et finissant par » dire : Je vous donne ma parole d'honneur que j'ai » raison. »

Entre le grand seigneur qui écrit *de la Religion* et le grand seigneur qui publie le *Catholique*, le public peut juger ; tous deux se sont accusés d'ignorance : moi, sans le dire et par des faits ; M. de Constant, sans preuve, et en se contentant de le dire. D'ailleurs, ce retour de M. Benjamin Constant à la bonne humeur fait un agréable effet dans son style, et dissipe heureusement ce nuage de mécontentement et de tristesse qui l'environnait il y a peu d'instans. Poursuivons :

« Le but de cet écrivain est de constituer un grand »*pouvoir intellectuel*, qui serait le monopole de l'auto-»rité, c'est-à-dire qui rendrait la France la parodie de »l'Egypte. »

On commence par m'accorder que je veux obtenir le règne de l'intelligence ; que ce sont les lumières que j'évoque et que j'attire. Je ne suis plus un obscurantin. Mais auprès de cet aveu quelle accusation terrible ! Me voici traîné à la barre de l'Europe comme coupable, que dis-je, convaincu de lèse-majesté humaine, de Jésuitisme déguisé, de conspiration permanente, et de l'intention décidée d'imposer à la France un mandarinat pareil à celui de la Chine.

J'exerce un *monopole ;* je veux, au profit d'un petit nombre, abrutir la masse du genre humain, tous ceux qui ne possèderont pas le privilège de l'instruction. Le mot monopole est habilement employé ici ; c'est l'argot nécessaire, un des épouvantails du langage constitutionnel. Mais ce dont M. de Constant oublie de parler, ce qu'il n'indique pas même, c'est cette profanation du savoir, ce verbiage religieux, politique, littéraire, scientifique, qui s'est inoculé à la foule : ce débordement des petites lumières, plus fatales qu'une paisible ignorance, qui ne gâte pas l'intelligence comme ces connaissances incomplètes, si pompeusement décorées

du titre de progrès de la raison. Ce que nous deman-
dons, ce n'est pas le monopole d'une autorité acquise
par privilège. La religion chrétienne offre un système
d'égalité qui sanctionne les droits de tous. Mais il faut,
pour exercer ces droits dans le gouvernement, de la
raison, de la vertu, de la capacité, une éducation, une
instruction proportionnées à l'importance des fonctions
publiques. Nous voulons que l'autorité renferme dans
son sein les hautes lumières du pays, au lieu de se traî-
ner dans les ornières d'une routine sans vie.

Oui, que tout homme réellement capable parvienne,
mais sous des conditions. Nous détestons le privilège;
mais la licence nous est en horreur. L'exercice du pouvoir exige plus d'une épreuve. Les difficultés sourient
aux grandes ames; elles rebutent la petitesse d'esprit.
Partout où la foule se presse, elle déborde; est-ce donc
à elle de se précipiter vers l'exercice de l'autorité?
Telles sont mes doctrines, parodie si comique, selon
M. de Constant, des antiques constitutions de l'E-
gypte.

« Les Brahmes, les Druides, toutes les corporations
» qui ont opprimé les hommes, sont les objets de son
» *admiration.* »

Prêtres et philosophes, rois et nobles, peuples et
chefs des peuples, se sont montrés tour à tour oppres-
seurs et opprimés. Est-il rien de plus tyrannique que
la démocratie, de plus déraisonnable que la multitude?
Les accusations adressées à une classe spéciale s'adressent à toutes, ne s'adressent à aucune. L'ancien régime
sacerdotal aura son bon côté, son mauvais côté. Le

haïr ou l'aimer, c'est folie. Il ne présente qu'un sujet d'études. Mais l'intention de M. de Constant est que les coups portés aux pontifes du paganisme retentissent jusqu'à l'Eglise, et la frappent indirectement. Il est étonnant combien sa haine contre l'ancien sacerdoce a de vigueur et de vie : c'est une bonne haine, toute contemporaine. Enseveli depuis deux mille ans dans la poudre des âges, si le sacerdoce païen a méconnu les droits des peuples, Dieu l'a puni. Mais l'historien ne doit pas oublier que ce même sacerdoce a élevé, éclairé les peuples. Jamais, sans l'empire qu'il a exercé, l'Orient ni l'Occident n'eût possédé aucun art, aucune civilisation. Il y aurait autant de petitesse à méconnaître ces vérités, que de ridicule à exalter leur grandeur passée par un enthousiasme factice, et d'odieux à prendre en main la défense de leurs crimes et de leurs superstitions.

Sur quelque hauteur que M. de Constant s'élève pour dominer les points de vue de l'histoire et embrasser la chaîne entière des événemens et des doctrines, il n'y a dans sa conception rien de grand, rien de large, rien de vraiment *libéral*. Les opinions *récentes* forment autour de lui une atmosphère dont il ne peut sortir. Rien ne le transporte au sein de l'antiquité, dans des pays divers. Il ne voit le passé, il n'aperçoit l'avenir qu'à travers les préjugés des partis du jour : c'est le seul intermédiaire qu'il connaisse ; c'est sa lunette d'approche. Doué de beaucoup d'esprit et d'une rare sagacité, quant aux affaires de détail, jamais il n'embrasse un vaste ensemble. Sa politique en souffre autant que son ouvrage sur la religion, bien que sa politique s'élève à une plus grande hauteur.

« Les sacrifices humains, continue-t-il, les orgies où »s'unissaient la débauche et le meurtre lui paraissent »de mystérieuses représentations d'un ordre primitif, »ou des élans religieux vers un ordre futur. Tout lui est »bon, pourvu que la liberté n'y entre pour rien. Tout »est sublime, pourvu que l'individualité soit pro-»scrite. »

M. Benjamin n'a pas grand'peine dans ses attaques contre moi. Il se fait simplement l'écho de celles de Voss contre Creuzer. Voss, en haine du catholicisme, l'accusa de favoriser le relâchement des mœurs, et de n'être qu'une religion de sens et de plaisirs. C'était singulièrement méconnaître l'amour infini du prochain qui caractérise l'Eglise. Il accusa Creuzer de s'être complu à décrire, sous des couleurs mystiques et éroti-ques, les orgies religieuses des peuples antiques, quand le paganisme était en décadence. Il prétendait décou-vrir dans cette tendance un désir secret de ramener les ames vers l'Eglise romaine. Tout ce que la haine protestante, dans sa violence la plus étroite, put lui inspirer de déclamations contre le Saint-Siège, lui ser-vit de texte pour provoquer son adversaire, auquel on ne peut sans folie attribuer d'intentions catholiques, mais qui se distingue par un grand talent, par un re-marquable savoir. Je me suis à peine approché, dans mes écrits, de ce sujet des mystères obscènes de l'ido-lâtrie, et je n'en ai jamais parlé qu'avec une juste et profonde horreur. J'ai démontré que ces orgies tenaient à une religion de l'enfer, à une révélation du mauvais principe, et qu'elles offraient la contre-partie et l'imitation perverse des mystères célestes et d'autres orgies, d'une nature moins odieuse, célébrées par les Païens en mémoire des révélations primitives sur le Kosmos et le Logos. Ce n'est que dans son troisième volume, et peut-être d'après moi, que M. Benjamin a reconnu ce caractère des représentations sacrées, qu'il effleure si légèrement.

Ai-je jamais dit que ce qui est satanique en soi offre un élan religieux vers un ordre futur? Voilà ce dont M. Benjamin Constant m'accuse : l'intention est peu charitable, et le fait contraire à la vérité. Que la conscience des honnêtes gens juge, et caractérise l'accusation dont M. Benjamin me charge. J'ai dû dire qu'il avait pensé d'après les autres et mal compris leurs pensées. Je n'ai jamais dit qu'il fût un pervers.

Je suis, affirme M. de Constant, l'ennemi de la liberté. Je me sens plus *libre* que lui : les coteries ne m'imposent pas leurs devoirs; les considérations de secte ne me sont rien ; jamais mon front ne se courba sous un pouvoir despotique; je ne formai jamais de pactes politiques avec ma conscience. Quant à cette individualité que je proscris, selon lui, que veut-il dire? Qui proscrit l'individualité se proscrit soi-même. Mes objets de haine et d'horreur sont les inquisitions, le conseil des dix et les directoires. Opprimer ce qui est individuel dans l'homme dénote, ou l'excès de la tyrannie chez les gouvernans, ou leur amour de la médiocrité : souvent l'un et l'autre. Loin de moi ces individualités faibles, molles, égoïstes, qui font aujourd'hui tant de bruit de leur indépendance. Donnez-moi des individualités, mais fortes, mais puissantes, mais caractérisées.

« Les Grecs, qui ont eu le malheur de s'affranchir » du joug de leurs prêtres, n'intéressent l'auteur que » par les vestiges de l'heureuse époque où la domina- » tion sacerdotale pesait sur leurs têtes. »

Ils étaient affranchis du joug des prêtres, ces Grecs qui ont condamné Socrate, chassé les philosophes, frappé d'ostracisme les grands hommes. Nulle autre ville de l'antiquité ne fut plus fertile en superstitions qu'Athènes. Est-il besoin de répondre aux suppositions gratuites de M. de Constant? Est-il nécessaire de repousser les opinions ridicules qu'il me prête, que je n'accepte pas? Ce que j'admire chez les Hellènes, ce sont les nobles exemples donnés par leur patriotisme; ce qui est pour moi un objet d'amour et de respect, c'est leur poésie, leur philosophie, ce sont leurs arts.

« Mais, continue M. de Constant, il voit dans les » croyances de l'Inde un bien plus haut degré de *grandeur morale ;* et c'est à ce degré de grandeur morale » qu'il veut nous ramener. »

Ramener l'Europe à la civilisation de l'Inde : quelle accusation insensée ! J'ai prouvé que l'Inde avait ses vertus et ses défauts ; j'ai été simple historien, et n'ai pas plus voulu nous ramener à l'Inde qu'à l'Egypte. Enfin, descendant à une personnalité oblique et du caractère le plus puéril :

« Son ouvrage, dit-il, est peu lu : *nous le regrettons.* »

Que ce regret est malin, et que cette plaisanterie est poignante ! La bonne ame ! Mais je demande à M. de Constant par quels rapports secrets il s'est fait communiquer la liste de mes abonnés ? Par quelle inquisition il s'est procuré les renseignemens qu'il donne pour décisifs ? Rien qu'une corruption, que je ne qualifie pas, n'aurait pu le mettre au fait du nombre de mes lecteurs. Mais s'il l'avait exercée, comme il le donne à entendre, il aurait vu que j'ai pour lecteurs des hommes dont la capacité honore les écrivains dont ils s'occupent, des hommes même de son parti. J'ignore et méprise le charlatanisme littéraire. Je n'ai point ce secret merveilleux de me faire porter aux nues par les journaux et de mendier, par tous les expédiens imaginables, une popularité vaine. Les intrigues sont vulgaires et d'un succès passager. L'action du temps et de la vérité a plus de puissance. A quoi bon la rumeur des applaudissemens vulgaires ? Le suffrage des hommes éclairés me suffit. La vérité, d'ailleurs, porte en elle-même sa volupté, sa propre jouissance. Heureux ceux que l'amour du bon et du juste porte à cultiver la science pour elle-même, et non pour capter la petite gloire des salons. A la vanité puérile d'un amour-propre momentanément satisfait je préfère la satisfaction qu'inspire un jugement droit et sincère. Les moyens, d'ailleurs, par lesquels s'acquièrent communément ces jouissances suffiraient pour en dégoûter. Que les autres fassent dételer, par une populace ivre et insensée, le char de leur triomphe, qui demain les renversera dans la boue : il y a plus de gloire et de bonheur à offrir aux hommes l'exemple du vrai, du beau, à prêter ainsi une nouvelle force aux ames humaines.

Gœrres, en donnant l'analyse du *Catholique*, l'a dit pour l'Allemagne. « Quand un ouvrage attaque dans leur racine les principes irréligieux, on feint d'ignorer qu'il existe; c'est une tactique libérale. On croit, par le silence, le condamner à la mort et l'étouffer dans son berceau. Il vient cependant une époque où se taire est impossible. Alors les injures personnelles débordent; les attaques calomnieuses pleuvent : ces invectives s'épuisent également, et le libéralisme commence à réfléchir. »

La même chose arrive en France. Un pamphlet qui flatte les passions du jour est annoncé avec pompe, exalté avec l'exagération la plus ridicule. Dès qu'une plume religieuse ou monarchique a laissé échapper quelque production faible, on s'en empare, on la livre à la risée; et, au nom du bon sens que ces écrits outragent, on immole les amis de l'autel et du trône. On protège ensuite les faiblesses des siens : commerce misérable de platitudes que l'on appelle *liberté* d'opinions, comme s'il y avait liberté d'opinions là où rien ne se présente franchement, où nul parti n'ose regarder une opinion en face.

Ces amis *ardens de la liberté* ont été jusqu'à proscrire mon nom. Des hommes appartenant aux doctrines du libéralisme, mais qui, par l'indépendance de leur esprit, justifient ce nom de libéraux, si grotesquement employé, ont essayé de parler de moi dans plusieurs journaux, coryphées de l'opinion. La rédaction de ces feuilles leur a déclaré que cela était impossible, et que les liens qui unissaient les rédacteurs à ces hommes honorables se briseraient plutôt que de souffrir une semblable licence. Cependant les plus petites de ces feuilles mortes, soi-disant littéraires, m'attaquèrent avec les injures de halle qui sont à leur usage. En France et à l'étranger, les libelles ne me ménagèrent point. Ces messieurs s'agitent en vain : j'ai autant de courage et de force dans ma cause, qu'ils ont d'activité pour nuire.

Le libéralisme, uni à un protestantisme de bas aloi, que je suis loin de confondre avec les véritables lumières protestantes, a maintenant la voix haute, et marche tête levée. La trivialité tracassière, la mesquinerie de cette politique qui les combat, leur donnent aujourd'hui beau jeu. Mais il y a des hommes qui, placés en dehors du pouvoir, sont décidés à ne pas subir le joug ; étrangers aux coteries, ils ne souffriront pas que la médiocrité les classe et les parque, ni que la révolution du siècle les domine.

Quant aux regrets de M. de Constant sur le petit nombre de nos lecteurs, nous l'en remercions ; heureusement ces regrets sont prématurés et superflus. L'analyse et la critique que nous avons données de ses ouvrages ont été examinées par des personnes dont le talent reconnu impose le respect. Mais comment concilier avec la sincérité de ces regrets si tendres l'espèce de crainte que M. de Constant semble éprouver, son hésitation dans cette affaire, sa répugnance à me nommer, le déplaisir évident que lui cause cette discussion ?

« Les *déguisemens* que revêtent les défenseurs d'une
» cause *perdue*, sont, dit-il, curieux à examiner. Vain-
» cus dans ce qui est positif, par les progrès d'une civi-
» lisation toujours croissante; vaincus dans ce qui est
» abstrait, par ceux de l'intelligence à laquelle il ne
» manque plus que de connaître ses bornes, ils appel-
» lent à leur secours les erreurs et les oppressions de
» tous les siècles, en s'agenouillant devant les voiles
» symboliques dont ils enveloppent ces débris. Impuis-
» sans architectes d'un édifice dont le plan se perd
» dans les nuages, et dont les matériaux tombent en
» poussière. »

Nous avons été témoins assez long-temps des méta-
morphoses que M. de Constant a subies; et quant aux
déguisemens, il serait inutile de s'appuyer sur le nombre des siens. Ils seraient vains, dangereux et coupa-
bles, chez les défenseurs d'une cause qui n'est pas
perdue, qui ne peut l'être, et qui repose sur l'éternelle parole du Sauveur de l'humanité. Employer les
déguisemens pour la défendre, serait lâcheté, serait
bassesse; ce serait se montrer indigne du noble dé-
vouement qu'elle réclame. Pour nous, nous attaquons
en face; nous nommons les choses par leur nom. Au
lieu de glisser obliquement notre attaque, au lieu de
frapper à l'ombre, au lieu d'assaillir notre ennemi sous
le nom d'un être fantastique pris collectivement,
nous le désignons, nous le nommons, nous le com-
battons avec franchise. Que M. de Constant, faisant
enfin trève aux allégations oiseuses, les prouve donc,
et nous soumette à un examen sévère.

Vaincus, dans ce qui est positif, dites-vous ! Peut-être le nombre nous est-il contraire ; sans doute la richesse est tombée dans d'autres mains. Voilà des argumens positifs en matière d'esprit, de belles preuves dans la recherche de la vérité ! Jamais nous n'avons envié ces irrésistibles raisons aux sycophantes nombreux de la multitude. Les progrès d'une civilisation matérielle ont leur prix : un philosophe ne doit pas en exagérer l'importance.

Vaincus, répétez-vous, dans ce qui est abstrait ! Nous le contestons, et la lutte est ouverte. Ancien, comme l'espèce humaine, ce combat entre vos opinions et les nôtres a, depuis six mille ans, revêtu toutes les formes. C'est la constante épreuve des enfans de l'Eglise. Soutenue avec dignité, elle fait leur mérite : faiblement soutenue, elle les déshonore par l'insuccès momentané qu'ils éprouvent. Cette grande querelle du rationalisme et de la religion, de la révélation et du sophisme, ni vous ni moi ne la terminerons. Depuis Epicure, jusqu'au siècle de Voltaire, combien de fois n'a-t-on pas chanté victoire ! Quels désappointemens continuels ! Depuis Arius jusqu'à M. Benjamin Constant, quel zèle ardent a conspiré la perte de l'Eglise ! Que les cendres d'Arius nous pardonnent ce rapprochement téméraire. Tête forte, nourri de l'ancienne philosophie de l'Eglise, Arius ne peut, sans une extrême brusquerie de transition, se placer auprès d'un des plus élégans et des plus fins de nos beaux-esprits modernes.

Et quels progrès intellectuels nous promet, je vous

prie, votre infinie *perfectibilité?* De Platon à Condorcet, de saint Paul aux économistes, admirez les progrès que nous avons faits! De Démosthènes ou Chrysostôme jusqu'à nos tribuns du jour, quelle marche victorieuse et ascendante de l'esprit humain! Sans doute l'humanité est perfectible à l'infini; mais dans le sens du christianisme seul.

M. de Constant veut bien condescendre jusqu'à gronder un peu cette moderne intelligence son idole, « qui, *assure-t-il, ignore ses bornes.* » Quelles bornes! J'ai percé le secret de l'humeur que M. Benjamin Constant a conçue. Le siècle ne veut pas reconnaître encore le sentimentalisme religieux que le publiciste lui offre. S'il consentait à adopter le livre *de la Religion*, rien ne manquerait à ses lumières. Mais voyez un peu l'ingratitude! M. de Constant n'a pas professé pour Voltaire tout le respect exigé; le libéralisme le fronde, et tient rancune à son plus hardi prosélyte, à l'un de ses plus redoutables tribuns.

Il est temps de nous occuper de la page 314, où se trouve la note suivante.

« Il ne reste plus guère qu'un homme dans le *monde* » *savant, si toutefois* il en fait partie, qui persiste à ne » voir dans les poëmes homériques que le développe- » ment d'un vaste et universel symbole. »

Ce doute aimable sur ma qualité de savant est contraire à ce que M. de Constant avait avancé jusqu'alors; et l'incertitude de mon juge semble indiquer qu'il ne reconnaît pas sa propre compétence, dont l'étendue et les devoirs l'effraient apparemment.

. Quant aux poëmes homériques, il présente sous un faux jour ma pensée, qu'il a mutilée ; système dont il parodie la donnée , et dont voici la légère esquisse.

On compte trois écoles de poésie ancienne. La première est typique des deux autres. Elle est patriarcale, sacerdotale ; elle renferme une doctrine de révélation primitive ; elle embrasse la législation et la science des temps les plus anciens du monde. C'est un dépôt de religion universelle et de philosophie naïve encore, mais grandiose dans sa démarche. On y célèbre, sous forme de symboles, la théogonie, la chute de l'ange rebelle, la cosmogonie, l'histoire primitive de l'homme, son état d'innocence , son empire sur la création, sa chute, sa dégradation, et celle de la nature , les événemens communs au genre humain avant et après le déluge de Noë, jusqu'à la dispersion des peuples ; les fondations des empires , des temples , des localités particulières. Le tout s'y montre, si j'ose ainsi parler, *localisé* dans le sens de tel peuple ou de telle race d'hommes particulière. Partout se présentent les souvenirs de cette antique école ; partout vivent encore les débris de ses chants et de son savoir. Aux époques postérieures , on en contrefit souvent les productions ; mais il est aisé de distinguer entre ce qui est primitif et simple, et une fraude qui, pour en imposer, ne cesse d'avoir recours à de bizarres inventions.

La seconde école de poésie ancienne est l'école épique. Autant la poésie primitive est mystérieuse et de difficile accès, autant l'autre est facile à comprendre, populaire, et, pour me servir d'un terme de l'art, *plas-*

tique. Les prêtres-rois, les anciens patriarches, les collèges de pontifes, ont présidé aux chants de la primitive école. Des bardes, généalogistes des rois, hérauts d'armes, historiens des races héroïques, ont récité les poëmes de la seconde. Plus tard, on voit ces mêmes bardes apparaître comme rhapsodes, composant encore un collège poétique, mais déjà dispersés dans leurs membres, après la chute des maisons nobiliaires de race primitive. Ces bardes et ces rhapsodes ont reçu comme un dépôt sacré certains types indicatifs de l'origine de la création, et des antiques histoires du genre humain à son berceau. Ces types, enveloppés du voile du symbole, reçurent une forme humaine dans les écoles de la poésie épique. Devenus symboliques des événemens réels de telle histoire locale et nationale, ils se confondirent, s'identifièrent avec les principaux héros et les héroïnes principales de la primitive épopée.

Qui pourrait nier l'*élément national* sur lequel repose la poésie épique des Anciens? Ce serait prouver que l'on manque du sens nécessaire pour en apprécier le caractère. Ce qui distingue au contraire ce genre de poésie, c'est que partout elle palpite, pour ainsi dire, d'une vie réelle et locale, c'est qu'elle nous ouvre une étonnante et profonde perspective, qui nous permet de lire dans la vie publique et domestique des héros, des guerriers et des simples citoyens. Il y a là plus que de l'histoire, il y a de la réalité. Mais l'*élément my-thique* a beau se déguiser sous des formes historiques, l'empreinte n'en reste pas moins forte ni moins profonde. Partout se retrouve un héros invincible, mystérieux enfant de quelque céleste amour, demi-dieu lui-même, et qui n'est vulnérable que dans un seul endroit du corps. Frappé à cet endroit, le héros duquel dépend le sort d'une contrée ou d'un peuple, meurt à la fleur de l'âge; mais de son généreux sang jaillit le salut de la patrie. Un vengeur s'élève, triomphe du mauvais principe, et donne la victoire à la vertu. Tel est Achille, tels sont le Germain Sigfrid et l'Indien Crishna. Il me serait facile de développer et d'appuyer de citations nombreuses ce que je me contente d'indiquer très-légèrement ici. Certes, je crois à l'existence historique de Sigfrid, de Crishna, d'Achille, bien que ces héros, presque divinisés, se soient assimilés au type universel dont j'ai parlé plus haut.

La femme qui joue un rôle principal dans cette espèce de poëmes, sans cesser d'être historique, l'est cependant beaucoup moins. On reconnaît en elle les traces du symbole plus vivement et plus distinctement marquées. C'est toujours le rapt, l'enlèvement d'une femme, d'une jeune fille, dont le caractère moral est équivoque, dont la naissance est mystérieuse comme celle des Indiennes Sita, Draupati, Rukmani, de la Germaine Brunhilt, et de la Grecque Hélène. C'est Proserpine, la femme aux pommes d'or, avec laquelle naît la Discorde. Elle est enlevée et transportée dans les enfers, où pénètrent avec elle les souvenirs d'un paradis qui a disparu. Deux races ennemies, les Courous et les Pandous, les Grecs et les Troyens, les Francs et les Bourguignons, prennent les armes à sa voix. C'est encore elle qui, sous le nom de Sita, enlevée par Ravana, allume la guerre entre les Rakshasas et les enfans du Soleil. De même Mohini, contre-partie de Proserpine, met la discorde entre les Surs et les Assurs, dieux et géans de la fable indienne. Qui révoquerait en doute, cependant, la possibilité de l'existence historique d'une Sita, d'une Brunhilt, d'une Hélène, à laquelle s'est rattachée par la suite cette conception fondamentale du mythe?

Les bardes et surtout les rhapsodes, ayant reçu ces types, transmis de temps immémorial, les adoptèrent comme coutume traditionnelle, comme imposés à leur état. Il n'était pas besoin qu'ils en connussent le sens réel, sens qui ne se trouve que dans la seule poésie sacerdotale. Veut-on savoir comment les mêmes chants épiques se rapportent les uns aux autres, lorsque, récités et transmis à différentes époques, les uns sont encore fortement empreints du mythe primitif, tandis que les autres l'ont presque entièrement fait disparaître sous une forme historique? Que l'on compare le poëme des Nibelungen de l'Edda scandinave avec le même poëme, tel qu'il existe encore en Allemagne. L'épopée indienne offre une perpétuelle lutte entre le mythe et l'histoire; lutte que l'on remarque à peine chez Homère.

Si M. de Constant pense le contraire, qu'il veuille bien opposer à nos assertions autre chose que des négations tranchantes. Nous rétracterons nos erreurs dès que nous les aurons connues.

Cette manière d'envisager Homère n'a rien de commun avec celle des Néoplatoniciens et des Stoïciens, qui y cherchent des allégories physiques et morales. Elle est née d'une comparaison attentive et suivie de la poésie épique chez tous les peuples antiques. On peut l'exposer avec méthode; il est facile de l'appuyer sur des faits, ce qui est plus méritoire que de chercher à déverser sur elle le blâme et le ridicule sans y rien comprendre.

Une troisième école de poésie se présente chez les Anciens, la poésie dramatique. Si la première forme fut spécialement sacerdotale, la seconde royale et aristocratique, cette troisième forme, cette troisième ère de la poésie est essentiellement populaire. Dans les représentations de Mimes comiques et tragiques qui figurent dans une foule de cérémonies publiques des peuples anciens, il y a un premier fonds qui présente les symboles d'un ordre théogonique, cosmique, historique primitif, pris au sérieux, ou bien parodié avec une ironique bouffonnerie. La plupart des nations antiques en sont restées à ces imparfaites représentations: les Grecs et les Indiens ont seuls créé l'art théâtral.

A ce fonds mythique que nous venons d'indiquer, la muse tragique et comique de ces peuples adopta audacieusement des sujets empruntés aux épopées nationales, ou aux fables sur d'antiques races royales. Chez les premiers auteurs dramatiques, le mystère domine: tel est Eschyle. L'élément historique apparaît ensuite d'une manière plus déterminée: tels sont Sophocle et Calidas l'Indien. Ce n'est que par le laps du temps, et lorsque l'art dégénère, que la scène devient bourgeoise dans la comédie, romanesque dans la tragédie. Les types et les symboles antiques s'effacent de la scène ; la vérité et la religion fuient de la poésie.

Nous sommes loin de contester la prédilection que M. de Constant professe pour les Grecs, et nous la partageons sous plus d'un rapport. Nous pensons même qu'il .les a étudiés en conscience, et nous sommes loin de lui faire un crime d'avoir mis à profit les travaux de Wolf et de Voss. La science n'est pas un privilège individuel : elle appartient au genre humain tout entier, constructeur de ce grand édifice. Si nous n'avions des prédécesseurs, dont les traces nous permettent de nous frayer une route nouvelle et de les .dépasser, nous serions forcé de recommencer sans cesse une œuvre depuis long-temps terminée. Cependant M. de Constant a-t-il bien profondément scruté le génie de l'antiquité classique ? Nous ne le pensons pas. Il semble que la direction de son esprit ait été trop exclusivement moderne. Bientôt nous essaierons de le prouver en analysant son chapitre sur le polythéisme des Grecs. Mais écoutons-le poursuivre le cours des accusations récriminatrices et des imputations mêlées de sarcasmes qu'il se plaît à nous lancer.

« Achille, à l'entendre, n'est pas, dans l'intention »d'Homère, un être individuel, mais une force sym- »bolique, comme Mithras ou Crishna. »

Mithras et Crishna, s'ils ont quelque chose de commun, se rapprochent par un bien petit nombre de rapports. Mithras est réellement une force symbolique, et ne se revêt d'un caractère héroïque que dans la personne de Persée ou de Féridoun, que l'on peut considérer comme son incarnation. Crishna, au contraire, est, comme Achille, un individu, un héros, dans le sens que nous avons indiqué précédemment. Le type auquel il se trouve incorporé ne lui ôte point son individualité historique.

« Les amours d'Hélène ne sont plus, soit un fait his» torique, soit une fiction que la poésie aurait empruntée
» aux traditions fabuleuses. C'est la lutte du froid et du
» chaud, du sec et de l'humide, du jour et des ténèbres,
» du bien et du mal. »

J'ai répondu à ces gentillesses ; j'ai présenté Hélène comme un être historique à la fois et mythique; c'est la femme apportant la pomme de discorde. Dans le sens mythique, elle appartient à la cosmogonie et à l'histoire de la chute de l'homme, figurée par la guerre des deux principes. Dans le sens historique, elle cause la division des Grecs et des Troyens. Le sens mythique, affaibli chez Homère, se laisse entrevoir dans la fable antique. On retrouve son analogue dans d'autres poëmes, où une femme, placée dans une position semblable à celle d'Hélène, joue le même rôle qu'elle. Il est facile, quand on le veut, de donner un tour plaisant et bouffon à la pensée la plus sérieuse. Qu'y gagne-t-on aux yeux de la sagesse?

Il continue sur un mode plus ironique encore.

« Grand bien lui fasse ! Un érudit allemand ne
» prétend-il pas que l'ânesse de Balaam n'est autre
» qu'Orphée? »

Cet érudit allemand est, je crois, l'érudit français Boulanger. M. de Constant, qui, à l'exemple de Pelloutier, prend les Titans pour les pontifes pélasgues, aurait pu embrasser la même erreur et se donner le même ridicule, en dépit de son talent et de son esprit. Dans ces matières, qui n'est pas sûr de ses vues et de ses doctrines s'embarque facilement dans les plus étranges bizarreries. Dans son troisième volume, M. de Constant, averti par son critique, s'est montré plus circonspect.

« Libre à chacun, ajoute-t-il, de rêver à sa guise »pourvu qu'il s'en tienne à des rêveries sur l'antiquité.»

Il est libre à M. de Constant d'embrasser en songe le culte de ses fétiches adorés.

«Rien jusque-là n'est plus *innocent :* mais quand on » veut *appliquer* ces rêves aux temps modernes, et qu'on »cite à *faux* les ouvrages anciens pour *forger,* au nom »du symbole, des fers à tous les peuples au profit de »la caste qui les a opprimés depuis quatre mille ans, »la chose devient alors un peu moins innocente. »

Exhumer ce grand cadavre, vieux de quatre mille ans, le sacerdoce païen ; lancer ce redoutable vampire contre ses propres contemporains ! Quelle horreur ! Trouverez-vous un nom pour un homme capable d'un pareil crime? Qu'est-ce auprès de ce forfait que l'opposition et la haine vouées à tous les gouvernemens, à tous les ministres, passés, présens et futurs, que l'anathème lancé sur les Jésuites? Haro sur ce criminel! Que la foudre, tombant du haut de la tribune, aille troubler le budget des affaires étrangères ! Quel est-il cet étranger, serviteur des Bourbons, pour oser professer une opinion indépendante? Vengeance ! vengeance sur lui! Si demain le peuple est convoqué à une grande revue, que ces cris retentissent plus violens ! le voilà! c'est l'ennemi du genre humain !

Post-Scriptum.

Telle est notre défense : elle était provoquée ; elle était nécessaire. Puisse cette vaine polémique rester à jamais ensevelie, et que M. Benjamin Constant reste averti qu'une aussi vive attaque ne pouvait qu'être vivement repoussée ! Du reste, en se rapprochant personnellement, bien des préjugés s'effacent, bien des colères s'apaisent, bien des indignations se calment. Malgré notre ferme conscience de n'avoir pas voulu blesser le juste sentiment qu'un publiciste aussi habile, un orateur aussi distingué, peut et doit entretenir de ses talens et de sa personne, nous convenons cependant que refuser à cet écrivain toute étude spéciale et réelle, ce serait aller trop loin. Il a beaucoup lu, souvent réfléchi. Mais le système qu'il a embrassé était désespéré : c'était le fétichisme, dont nous croyons bien que lui-même ne sait plus que faire. Son ouvrage a été évidemment conçu à une époque où régnaient encore les hypothèses sur l'origine sauvage du genre humain, hypothèses sur lesquelles on a voulu fonder le système de la perfectibilité. Mais la philologie moderne a miné de fond en comble ces suppositions. Partout, en analysant les dialectes antiques, elle a rencontré dans les origines de la pensée humaine, comme dans les documens les plus anciens de la fable et de l'histoire, un *tuf d'une métaphysique sublime*, si je puis employer ce terme, et qui n'a rien de commun avec les atomes, les grains de sable sans cohésion, à l'aide desquels on prétendait jadis construire si péniblement l'humaine intelligence. Il est évident que M. de Constant a regretté d'avoir embrassé ce système; une tendance contraire se manifeste dans plus d'une partie de l'ouvrage. Mais il n'a pu prendre sur lui de refondre pour ainsi dire sa pensée, de recommencer de longues études. D'ailleurs il était lié, à son propre insu, par des engagemens qui le portaient à la guerre contre le sacerdoce. Ainsi a paru ce livre qui, en plus d'un endroit, révèle la sagacité, le talent et le savoir de l'auteur, mais qui n'indique pas moins vivement l'influence des passions qui l'agitaient quand il a commencé ces travaux.

L'examen de son troisième volume, sévère peut-être, n'aura rien d'hostile. Pressé d'un besoin de justice, toute aigreur disparaît; la vérité seule nous appelle.

IMPRIMERIE DE H. FOURNIER,
RUE DE SEINE, N° 14.